par Mélanie Tellier
Illustré par Melinda Josie

Grand-Remous

ÉDITIONS
MARCHAND
DE FEUILLES

Rodolphe vit le parfait bonheur à Grand-Remous
avec sa femme Annette et leurs deux sphinx, Pierre et Pierrette,
des chats nus. Leur peau est douce comme le duvet d'une pêche.
Pierre est bleu, Pierrette est rose. Parfois, la nuit, quand la lune
est pleine, ils s'enlacent et dorment en cœur.

Rodolphe est le propriétaire de l'école de toilettage *Miaou*, dans la rue du Pont-Rouge. Pierre et Pierrette participent à des concours de beauté féline. Les chats adorent visiter la grande ville et gagner des trophées et des prix.

Annette tricote sans arrêt.
Elle tricote des bottines, des bonnets, des robes, des cravates, des lunettes, des foulards pour les chats. Elle tricote en faisant la file à l'épicerie, elle tricote en mangeant, elle tricote en dormant.

Une nuit sur dix, Annette rêve qu'elle est Leizu,
la femme d'un empereur chinois qui a découvert la soie.
L'impératrice était assise sous un mûrier, où elle buvait son thé dans une tasse de porcelaine, quand un cocon de ver à soie est tombé dans l'eau brûlante. Avec le long fil qui s'est déroulé, elle s'est tissé une robe.
Elle venait de découvrir le plus beau tissu du monde : la soie.

La famille d'Annette vient d'un ancien village qui a été inondé après la construction d'un barrage. Le clocher de l'église émerge encore de la surface du lac. On entend parfois les cloches tinter à l'aube, les matins très venteux. Après la catastrophe, les habitants ont relevé leurs manches et ont bâti un nouveau village, planche par planche. Ils l'ont nommé Grand-Remous.

Rodolphe aime se lever tôt pour tondre les chats. Cassandre, la meilleure élève de Rodolphe, est l'une des rares femmes du village dont la famille n'est pas originaire de Grand-Remous. Cassandre est née en France, à Bergerac dans le Périgord, célèbre pour ses fraises.

Cassandre s'est installée à Grand-Remous,
car elle aime plonger dans le lac pour visiter le village inondé.

Une fois par mois, elle emmène son chat birman
chez Rodolphe pour sa manucure.
Son chat a les yeux bleus, le poil blanc et il est sourd.

« Les chats utilisent leur langue comme
un peigne pour se coiffer », aime dire Rodolphe.

Quand le birman de Cassandre était encore chaton, il aimait prendre son bain dans le lavabo. Elle lui faisait couler de l'eau tiède et y ajoutait des brins de lavande.

Pierrette, la chatte d'Annette et de Rodolphe, fait ses besoins dans la cuvette des toilettes et tire la chasse d'eau après. Rodolphe a bien essayé d'apprendre la même chose à Pierre, mais en vain.

Pierre et Pierrette mangent plus
que les autres chats, car ils n'ont pas de fourrure.
Ils ont donc besoin de plus de calories.

Tout allait bien à Grand-Remous,
jusqu'à l'arrivée de Duncan Brick, un marin écossais tatoué dont Cassandre est tombée amoureuse sur Internet. Duncan Brick souffre de la maladie de pica, un étrange syndrome qui le propulse de façon incontrôlable sur la nourriture. Il mange, mange et mange, comme s'il était un puits sans fond. Il a constamment faim.

Il a traversé l'Atlantique sur un minéralier. En route, il a mangé : 13 barils de cornichons en saumure, 3 bœufs salés, 32 pots de confiture d'oranges amères, 1 boîte de clous et le drapeau britannique. Quand il a fait un mouvement vers le mât, le capitaine a décidé de l'enfermer dans la salle des machines pour le reste du périple.

Une fois débarqué à Grand-Remous, Duncan a retenu son souffle. Pendant une semaine, il a mangé du thon pour déjeuner, dîner et souper, sans ustensiles et directement de la boîte, comme un chat. Il souhaitait maigrir pour plaire à la belle Cassandre.

Ensuite, il a fait une cure de poireaux.
Poireaux crus, cuits, en flans, en omelettes, en soupes.
Des poireaux, toute la semaine.

Duncan aimait expliquer qu'à l'âge de cinq ans, sa maladie était à son paroxysme, jusqu'au moment où il a vu un gros morceau de fromage bleu sous le lit de sa mère. Il a rampé sur le plancher pour le gober et une trappe à souris s'est refermée sur son index.

Deux semaines après l'arrivée de Duncan Brick à Grand-Remous,
les chats du village ont commencé à disparaître.

Le persan chocolat du postier n'est pas rentré à la maison un vendredi soir. Sa fugue était étrange, car le vendredi, jour spécial entre tous, il partageait avec son maître le « spécial Calcutta pour deux » du restaurant indien de la rue Principale.

Le persan adorait la nourriture épicée.

Le postier a eu le cœur brisé par sa disparition.

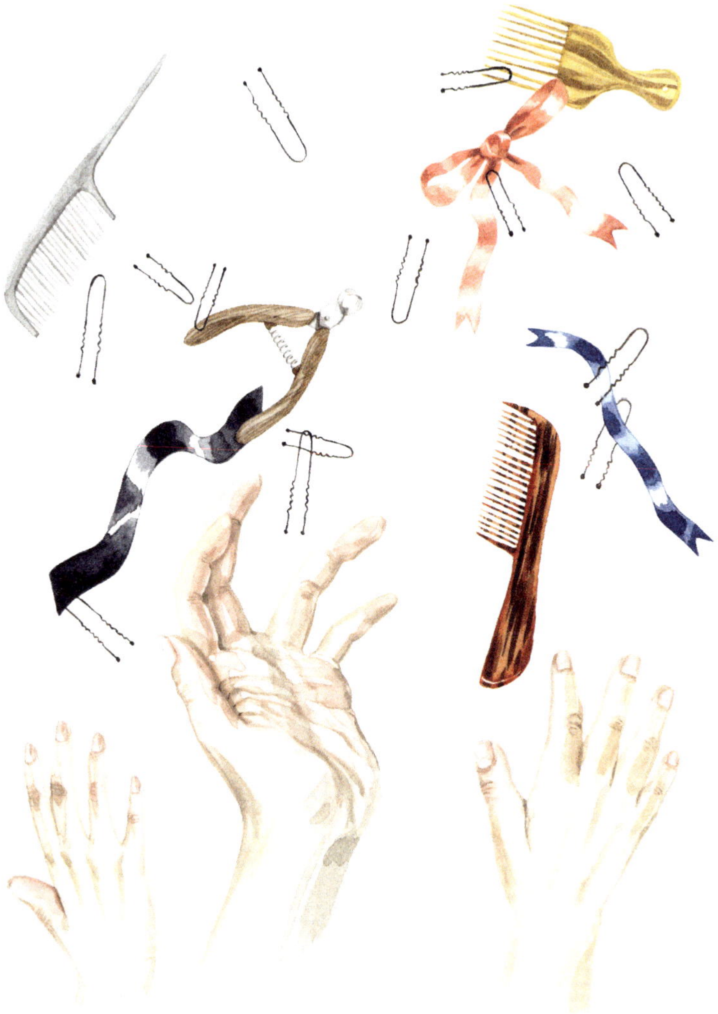

Le samedi matin, les villageois étaient si énervés qu'ils vociféraient, parlaient dans le désordre et lançaient des accessoires de coiffure à l'école de toilettage *Miaou*.

Rodolphe aussi s'inquiétait. La dernière fois qu'il avait vu Pierre, celui-ci filait par la porte-fenêtre : « Pierre, viens ici ! Avant de sortir, il faut mettre ta crème solaire ! », avait-il crié.

Annette, elle, semblait calme.
Elle continuait à tricoter une élégante robe de bal pour Pierrette
qui allait participer à un concours de beauté.
Mais la chatte était introuvable.

Cassandre a alors expliqué une chose étrange.
Elle se souvenait avoir demandé à son marin de lui amener
deux chatons aux oreilles pliées, des Scottish Fold,
de chez l'éleveur le plus connu d'Édimbourg.

Mais Duncan Brick lui avait dit que les chats étaient interdits sur les bateaux et lui avait offert à la place une huile sur bois représentant une Vierge à la pomme grenade.

Depuis qu'il vivait avec sa fiancée, Duncan avait creusé un jardin de marin, et y avait planté 55 bulbes d'ail et trois douzaines de lys de Pâques. Il avait ensuite entouré le terrain de buis taillés en forme d'ancres et de dauphins.

Le reste du temps, il confectionnait des gâteaux
à la betterave dans les moules en cuivre de Cassandre.
Duncan mangeait ces gâteaux roses toute la journée
et cela semblait calmer sa faim.

Duncan était un homme très serviable.
Un jour, il a aidé Marie, l'épicière, à planter des cyclamens.
Mais le lendemain, Marie ne trouvait plus Rosie,
sa chatte d'Espagne.

Marie s'est rendue au pas de course à l'école de toilettage de Rodolphe pour lui annoncer cette nouvelle disparition.

Rodolphe, furieux, s'est précipité chez Duncan Brick.
Sa maison était sombre et avait deux très grands
nichoirs à faucons sur le toit.

En regardant par la fenêtre, il a vu Duncan plier ses 62 marinières
et les ranger dans un coffre en cèdre, puis vider par-dessus
une boîte complète de boules de naphtaline.

Rodolphe a remarqué que le jardin aussi était jonché de boules blanches. Il a alors tapé du poing contre la porte en hurlant :
« Ouvre, je sais que tu es là ! »

Duncan a ouvert la porte avec un air piteux.
« Tu as mangé les chats du village. Cela ne se fait pas ici, à Grand-Remous ! » a crié Rodolphe, les yeux exorbités.

Duncan était incrédule:
« J'ai la maladie de pica, mais je ne mange pas de chats.
J'ai peur des chats.
– Peur des chats?
– J'ai peur des chats, a répété Duncan.
Je mets des boules de naphtaline autour de la maison et j'ai deux nichoirs à faucons sur le toit pour les éloigner. Je mets des plantes en terre qui sont désagréables pour eux: lys, ail, cyclamens.
Les chats se sont certainement cachés dans la forêt. »

Rodolphe a poussé un soupir de soulagement.
Il espérait retrouver Pierre et Pierrette.

La nuit tombait. Les villageois les plus intrépides et leurs enfants sont partis avec leurs lampes dans la forêt pour participer à une énorme battue.

Plusieurs étaient affolés. Mais ensemble, ils avaient moins peur
car ils partageaient leur courage pour augmenter leur force.

Les enfants cherchaient les chats sous les fougères,
derrière les rochers et soulevaient les branches des conifères.

La nuit était noire et effrayante. Les branches de sapins râpaient les visages et on entendait les coyotes hurler au loin.

Le birman qui s'était caché dans un terrier de renard
est accouru le premier et a sauté dans les bras de sa maîtresse.

Cassandre s'est alors tournée vers Duncan :
« Tu aurais dû me dire que tu as peur des chats. Il ne faut pas craindre ce qu'on ne connaît pas, il faut chercher à le comprendre. »

On commençait à perdre espoir de revoir les autres chats.
Peut-être avaient-ils fui vers des pays étrangers ?

Soudain, le chat du postier a été retrouvé dans le creux d'un érable argenté.

Il avait mal à ses coussinets,
mais ce n'était pas bien grave.

Pour l'amour de Cassandre, Duncan a surmonté sa peur des chats et il travaille maintenant à l'école de toilettage *Miaou*. Il aime tracer au rasoir des ancres et des bateaux sur le dos des chats aux poils ras. Duncan comprend que le plus beau cadeau qu'il peut faire à celle qu'il aime est d'être heureux.

Pierre et Pierrette sont revenus au village peu de temps après.
Ils ont eu une portée de six chatons à la fin de l'été.

Cassandre et Duncan se sont mariés
à l'aube dans une chaloupe flottant
au-dessus de l'église immergée.
Le prêtre, debout dans la chaloupe,
a béni le nouveau couple
avec une branche d'épinette, en la trempant
dans un verre de cristal rempli d'eau bénite.
Ce matin-là, les cloches ont sonné
au-dessus du lac pour sceller leur amour.

Marchand de feuilles
C.P. 4, Succursale Place d'Armes
Montréal (Québec)
H2Y 3E9
Canada

www.marchanddefeuilles.com

Illustrations: Melinda Josie
Texte: Mélanie Tellier
Illustration de la couverture: Melinda Josie
Graphisme : Sarah Scott
Révision: Annie Pronovost

Diffusion: Hachette Canada
Distribution: Socadis

Les Éditions Marchand de feuilles remercient le Conseil des Arts du Canada ainsi que la Sodec pour leur soutien financier. L'auteur remercie le Conseil des Arts du Canada ainsi que le Conseil des arts et des lettres du Québec.

Conseil des Arts du Canada Canada Council for the Arts

Société de développement des entreprises culturelles Québec

Conseil des arts et des lettres Québec

Catalogage avant publication de Bibliothèque et Archives nationales du Québec
et Bibliothèque et Archives Canada

Tellier, Mélanie
Grand-Remous
(Bourgeon)
Pour enfants de 4 à 10 ans.
ISBN 978-2-923896-05-2
I. Josie, Melinda. II. Titre.

PS8639.E44G72 2011 jC843'.6 C2011-941960-2
PS9639.E44G72 2011

Dépôt légal: 2011
Bibliothèque nationale du Québec
Bibliothèque nationale du Canada

Achevé d'imprimer sur les presses de Transcontinental Métrolitho
à Sherbrooke, Québec, Canada,
quatrième trimestre 2011.